Wendel Clark et le grand Gretzky

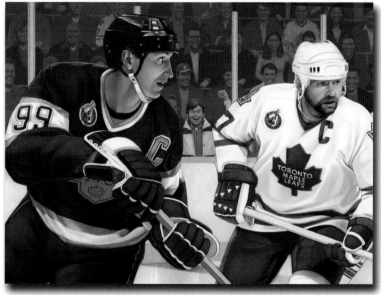

Mike Leonetti

Illustrations de
Greg Banning

Texte français de
Marie-Carole Daigle

Éditions
SCHOLASTIC

Remerciements

Nous nous sommes servis des livres des auteurs suivants pour documenter cette histoire : Howard Berger, Canadian Press (éditeurs), John Davidson, Dan Diamond, Bob Ferguson, Trent Frayne, Don Gilmore, Wayne Gretzky, Peter Gzowski, Janet Lunn, Elizabeth MacLeod, Christopher Moore, Rick Reilly, Rick Sadowski, Michael Ulmer, Barry Wilner et Scott Young.

Magazines étudiés : *Hockey Illustrated, Hockey News*, les programmes de jeu des Maple Leafs de la saison 1992-1993.

Journaux consultés : *Globe and Mail, Toronto Star, Toronto Sun*.
Vidéos/films visionnés : vidéo de la Coupe Stanley de 1993, *The Passion Returns* – les meilleurs moments des Maple Leafs en 1992-1993, émissions originales de *Hockey Night in Canada* sur les jeux six et sept de la série éliminatoire des Leafs et des Kings, rediffusion sur TSN du jeu sept comportant des entretiens avec Wendel Clark et Wayne Gretzky.

Ouvrages de référence : guides médiatiques des Maple Leafs : 1992-1994 et 1993-1994,
Guide LNH et palmarès : numéros de 1993-1994 et de 1990-2000.

Catalogage avant publication de Bibliothèque et Archives Canada
Leonetti, Mike, 1958-
[Wendel and the great one. Français]
Wendel Clark et le grand Gretzky / Mike Leonetti ; illustrations
de Greg Banning ; texte français de Marie-Carole Daigle.

Traduction de: Wendel and the great one.
ISBN 978-0-545-99030-1

1. Clark, Wendel, 1966- --Romans, nouvelles, etc. pour la jeunesse.
2. Gretzky, Wayne, 1961- --Romans, nouvelles, etc. pour la jeunesse.
3. Hockey--Récits canadiens-anglais. I. Banning, Greg II. Daigle, Marie-
Carole III. Titre.
PS8573.E58734W4514 2008   jC813'.54   C2008-902608-X

ISBN-10 0-545-99030-0

Édition publiée par les Éditions Scholastic, 604, rue King Ouest,
Toronto (Ontario) M5V 1E1 CANADA.

6 5 4 3 2 1   Imprimé au Singapore   08 09 10 11 12 13

Ce livre est dédié à Wendel Clark, Wayne Gretzky et à tous les grands leaders canadiens – passés, présents et futurs.
—M.L.

À mes parents. Merci pour votre soutien et votre amour.
—G.B.

Notre entraînement de hockey venait de se terminer, et nous nous dirigions d'un pas lourd vers le vestiaire. Nous allions retirer nos chandails lorsque monsieur Bissonnette, notre entraîneur, nous a parlé d'une chose inattendue.

— Écoutez bien, les gars, a-t-il dit en distribuant à chacun un petit bout de papier. Aujourd'hui, vous allez vous choisir un capitaine. Chacun de vous a droit à un vote, alors, faites ça sérieusement. Après avoir compté les votes, je vous dirai lequel d'entre vous pourra coudre un C sur son chandail!

Au bout de quelques minutes, tout le monde avait remis son bulletin. J'ai voté pour Adam, notre meilleur joueur.

Quelques instants plus tard, l'entraîneur est venu me voir et m'a dit :

— Félicitations, Julien! Tu es le nouveau capitaine des Rafales!

Je n'arrivais pas à le croire! Tous les gars sont venus me féliciter en me tapant dans la main ou dans le dos. Moi, je suis resté sans rien dire tellement j'étais surpris.

Quand mon père est venu me chercher après l'entraînement, je lui ai annoncé la nouvelle.

— Capitaine! C'est tout un honneur qu'on te fait là, Julien! a-t-il dit.

— Je sais, mais je me demande bien ce qu'on doit faire quand on est capitaine. Quelle attitude dois-je adopter? Qu'est-ce que je dois dire aux joueurs, dans le vestiaire? Autrement dit, comment on s'y prend pour mener une équipe? lui ai-je demandé.

— Pas si vite, Julien! a dit mon père. Il va peut-être falloir que tu t'informes sur ce que font les autres capitaines. On en apprend toujours beaucoup en observant ceux qui excellent dans leur domaine.

Mon père avait raison. Si je regardais bien ce que faisaient les capitaines de la LNH, je pourrais sûrement devenir un bon capitaine. Mes deux joueurs préférés étaient d'ailleurs des capitaines. Il y avait Wendel Clark, des Maple Leafs de Toronto, et aussi Wayne Gretzky, des Kings de Los Angeles, celui que j'admirais le plus.

J'avais des cartes recrues de Wendel et de Gretzky et une affiche de chacun d'eux ornait les murs de ma chambre. Ce serait fantastique si je pouvais être un aussi bon capitaine qu'eux!

Dans la LNH, mon équipe préférée était celle de Toronto. Wendel Clark était l'un des meilleurs joueurs des Maple Leafs. Il avait un puissant lancer du poignet et pouvait faire de superbes mises en échec. Les Leafs espéraient qu'il les mènerait aux séries éliminatoires. C'était le grand favori du public. À Toronto, on l'appelait par son petit nom, Wendel, quand on parlait de lui.

Lorsqu'il a été nommé capitaine des Leafs, Wendel a fait remarquer qu'il portait toujours le même chandail que les autres, sauf que le sien avait une lettre en plus. Au jeu, il respectait l'entraîneur et ne se plaignait jamais.

Wayne Gretzky était le meilleur joueur de la LNH. À l'époque où il faisait partie des Oilers d'Edmonton, son équipe a remporté la Coupe Stanley quatre fois. Il a établi de nombreux records dans la LNH et il se donnait toujours à fond quel que soit le match. Son arrivée parmi les Kings de Los Angeles en avait fait l'une des équipes ayant les meilleures chances de gagner la Coupe. On l'appelait « le grand Gretzky ».

Gretzky tenait à ce que les bons coups de ses coéquipiers soient reconnus. Même s'il était la plus grande des étoiles du hockey, il voulait qu'on le traite comme les autres. Il travaillait fort et s'efforçait toujours de faire de son mieux.

Lors du match qui a suivi ma nomination comme capitaine, nous avons eu une partie serrée, que nous avons remportée 3 à 2. J'ai contribué, en marquant un but et une passe. Or, une grosse erreur d'un de nos joueurs nous a presque fait perdre la partie. Nikolai patinait vraiment bien et avait un tir puissant, mais il venait d'arriver au Canada et il avait parfois du mal à comprendre les directives. Heureusement, notre gardien de but a effectué un superbe arrêt qui a sauvé la partie.

Après le match, l'entraîneur m'a fait venir dans son bureau.

— Maintenant que tu es capitaine, Julien, tu dois faire en sorte que tout le monde se sente membre à part entière de l'équipe. Tu sais que Nikolai ne comprend pas toujours tout ce qu'on lui dit. Il faudrait que tu trouves une façon de l'aider à s'intégrer, d'accord?

— Je vais essayer, ai-je dit, mais je ne sais pas trop comment. Il est un peu timide, et je ne saisis pas toujours ce qu'il me dit.

— Tu trouveras sûrement une solution, m'a répondu l'entraîneur. Tu devrais t'inspirer de ce que font les autres capitaines de notre ligue. Tu apprendras peut-être quelque chose en observant comment les jeunes de ton âge exercent leurs talents de leader.

J'ai acquiescé, même si, dans ma tête, j'ignorais comment assumer ce fameux rôle de capitaine.

Le lendemain, à l'école, j'ai abordé la question avec mon enseignante, madame Bilodeau, en espérant qu'elle m'aiderait un peu.

— Et si tu faisais une recherche sur les grandes personnalités canadiennes? m'a-t-elle proposé. Tu peux bien sûr chercher du côté des sports, mais tu peux aussi explorer d'autres disciplines.

Ça m'a mis sur une bonne piste. J'ai donc commencé ma recherche à la bibliothèque de l'école.

J'ai trouvé plein d'exemples de grands leaders canadiens. Dans le domaine des sports, le hockeyeur Jean Béliveau a amené, en tant que capitaine, les Canadiens de Montréal à décrocher cinq fois la Coupe Stanley, grâce à son talent et à son esprit compétitif. Une fille courageuse, Marilyn Bell, a traversé le lac Ontario à la nage alors que tout le monde croyait la chose impossible. Et en devenant championne du monde, la skieuse Nancy Greene a démontré que la persévérance finissait toujours par être récompensée.

Terry Fox, unijambiste, a entrepris de traverser tout le Canada à la course afin d'amasser des fonds pour la recherche. Rick Hansen a fait une tournée mondiale en fauteuil roulant pour sensibiliser les gens aux problèmes de lésions de la moelle épinière. Enfin, le champion de course de vitesse Harry Jerome s'est servi de sa renommée pour faire la promotion des droits des minorités visibles et du conditionnement physique dans les écoles.

J'ai trouvé des exemples de leadership dans des domaines autres que les sports. Les premiers ministres les plus marquants du Canada avaient des qualités de chef remarquables.
Sir John A. Macdonald a démontré que la méthode du compromis donne des résultats, et sir Wilfrid Laurier a dirigé le pays en croyant fermement que le Canada pouvait croître et prospérer. Lester B. Pearson a convaincu le monde entier que la paix était chose possible, tandis que Pierre Elliott Trudeau a mis la population canadienne au défi de diriger sa propre destinée.

Cairine Wilson a toujours défendu ses convictions et est devenue la première femme à siéger au Sénat canadien. Emily Stowe a été la première femme médecin au Canada grâce à son excellence académique. Roberta Bondar a fait preuve d'une grande initiative dans le domaine des sciences, et est devenue la première Canadienne à voler dans l'espace.

J'ai présenté le résultat de mes recherches à la classe. Madame Bilodeau m'a félicité.

— Est-ce que ça t'a été utile? m'a-t-elle demandé.

— Oui, ai-je dit. J'ai appris beaucoup de choses et je pense que tout cela m'aidera à devenir un bon capitaine.

Notre équipe jouait de mieux en mieux, mais je savais que nous avions tout intérêt à faire participer Nikolai davantage. Un jour, j'ai demandé à des membres de l'équipe de se joindre à moi pour nous entraîner avec lui. Comme il patine vraiment bien, nous avons répété une stratégie lui permettant de se libérer pour effectuer un tir au but. Nous lui avons tout expliqué lentement en nous assurant qu'il comprenait, puis nous nous somme exercés longtemps.

Peu de temps après, Nikolai a réussi à marquer quelques buts. Il lui arrivait même de blaguer avec nous.

Un jour, je suis resté à la patinoire après l'entraînement pour suivre un match entre deux autres équipes de notre ligue. Les capitaines de chaque équipe n'avaient vraiment rien en commun. Le premier s'énervait et criait. Au banc, il restait debout comme s'il était prêt à sauter sur la glace pour prendre le match en main.

L'autre capitaine encourageait ses coéquipiers à chaque déplacement de joueurs, qu'il soit au jeu ou au banc. Il se donnait à fond dès qu'il sautait sur la glace. À la fin de la partie, il a eu l'occasion de marquer un but dans le filet vide, mais il a plutôt fait une passe à l'un de ses coéquipiers qui n'avait pas souvent marqué.

Une des choses que j'ai décidé de faire à titre de capitaine, c'est d'encourager tous les joueurs de mon équipe. Ça n'a pas toujours bien marché; parfois, j'étais trop préoccupé par les autres, au lieu d'essayer d'améliorer mon jeu. Mais notre équipe a fait des progrès. À la fin de l'année, on pouvait même dire que Nikolai se sentait membre à part entière de l'équipe.

Nous nous sommes rendus aux éliminatoires, mais les Sélects nous ont infligé une défaite en prolongation. Leur capitaine était vraiment un exemple à suivre. Ce n'était pas le meilleur joueur de son équipe, mais il travaillait très fort, surtout pour aider son gardien de but. Quand on lui a remis le trophée des champions, il s'est empressé de le donner au joueur de son équipe qui avait marqué le but gagnant. Plus tard, lorsque le moment est venu de prendre une photo d'équipe, il a veillé à ce que tout le monde soit présent. Il était clair que ses équipiers le respectaient.

Après le match, notre entraîneur est venu me voir.

— Tu as vraiment fait des progrès comme capitaine, Julien, m'a-t-il dit. Si tu l'es à nouveau l'an prochain, je suis sûr que tu seras encore meilleur. Tu dois seulement garder à l'esprit qu'on surveillera toujours ce que tu fais, car tu sers d'exemple.

— Je le sais, monsieur Bissonnette. Moi aussi, j'ai appris beaucoup de choses cette année, en regardant comment s'y prennent les professionnels. Je crois que je m'améliorerai encore l'an prochain.

En effet, j'en ai appris beaucoup sur le leadership en observant les capitaines de ma ligue, et encore plus en regardant comment Wendel Clark et Wayne Gretzky dirigeaient leur équipe.

Cette année-là, les Maple Leafs avaient eu une très belle saison sous la direction de leur nouvel entraîneur, Pat Burns. Comme mon père avait un abonnement, j'ai pu assister à un grand nombre de matchs. J'adorais regarder Wendel, Doug Gilmour et Dave Andreychuk jouer, de même que ce jeune gardien de but nommé Félix Potvin. L'équipe a établi un record en marquant 99 points, puis elle a battu Détroit et St. Louis dans les premières rondes éliminatoires. Wendel n'avait jamais aussi bien joué de sa carrière, malgré la pression qu'il subissait en tant que capitaine.

C'est aussi l'année où Gretzky a manqué une bonne partie de la saison à la suite d'une blessure, mais il est revenu à temps pour mener son équipe aux séries éliminatoires. Il a enregistré 65 points en seulement 45 parties, puis il a aidé les Kings à battre Calgary et Vancouver aux éliminatoires. Les Maple Leafs et les Kings allaient donc s'affronter aux prochaines rondes éliminatoires, ce qui déterminerait quelle équipe irait en finale!

J'ai assisté au premier match. La partie a pris un tournant incroyable lorsque les Leafs ont marqué trois buts en dernière période, pour l'emporter 4 à 1. Wendel s'est porté à la défense de Gilmour, qui venait de subir une lourde mise en échec. En le voyant venir à la rescousse de son coéquipier, la foule l'a acclamé haut et fort.

À la partie suivante, Gretzky a orchestré le but qui a permis aux Kings de gagner 3 à 2. Chaque équipe a donc gagné une partie à Los Angeles. Or, les Leafs ont arraché la victoire de la cinquième partie en prolongation. Il ne leur restait donc qu'un match à gagner pour remporter cette série éliminatoire.

Le match suivant qui se déroulait à Los Angeles était diffusé à la télévision tard en soirée. J'ai heureusement pu rester debout pour le regarder, car je n'avais pas d'école le lendemain. Wendel a vraiment fait tout ce qui était humainement possible pour offrir une victoire aux Leafs. Marquant un but à la deuxième période, il a donné à Toronto une avance de 2 à 1 en exécutant un tir du revers au-dessus du gardien des Kings. Malgré tous ses efforts, les Leafs accusaient un retard de 4 à 2 en troisième période.

Cependant, Wendel n'était pas du genre à abandonner. Captant une passe au centre de la patinoire, il s'est échappé au-delà de la ligne bleue, pour ensuite décocher un superbe tir en plein dans le filet. Un peu plus tard, alors qu'il ne restait presque plus de temps, il a sauté du banc et saisi une passe parfaite de Gilmour, pour égaliser la partie 4 à 4. Un tour du chapeau pour Wendel!

Gretzky voulait, lui aussi, que son équipe soit victorieuse. En prolongation, les Kings profitaient d'une attaque à cinq lorsqu'il a fait dévier une passe dans le filet de Toronto pour marquer le but gagnant. Cette victoire signifiait que les séries éliminatoires allaient se terminer au prochain match, disputé le samedi soir au Maple Leaf Gardens.

Je n'oublierai jamais cette dernière partie opposant les Leafs aux Kings. Arrivés tôt, nous nous sommes installés à nos places. La foule était fébrile. Nous espérions vraiment que Toronto allait pouvoir se rendre en finale, pour la première fois depuis 1967! La partie promettait, en outre, d'être une épreuve de force entre les deux capitaines.

Wayne Gretzky disait souvent que le stade Maple Leaf Gardens occupait une place particulière dans son cœur : c'est là qu'il avait assisté à son premier match de la LNH à six ans, en compagnie de sa grand-mère. Il adorait jouer à Toronto. Ce soir-là, il a marqué le premier but en captant une passe du patin, lors d'une attaque à deux menée pendant que son équipe était en désavantage numérique. Il a alors marqué un autre but, donnant aux Kings une avance de 2 à 0.

Wendel a donné un élan aux Leafs en deuxième période, lorsqu'il a fait mouche grâce à une passe amorcée de l'arrière du filet... faisant passer le pointage à 2 à 1. Les Leafs ont ensuite ramené la partie à égalité, 2 à 2, mais Gretzky s'est échappé avec la rondelle juste à l'intérieur de la ligne bleue de Toronto. Il a alors décoché un tir déjouant Potvin, donnant ainsi une avance de 3 à 2 à son équipe.

Wendel ne s'était jamais autant démené : il était partout! En début de troisième période, une passe de Gilmour lui a permis d'égaliser le pointage à 3 à 3! L'assistance était en délire : la possibilité que les Leafs gagnent cette partie était grande.

Alors qu'il restait moins de cinq minutes de jeu, les Kings se sont rués dans le territoire des Leafs. La rondelle a rebondi en direction d'un joueur des Kings, qui a alors marqué un but, donnant ainsi une avance à son équipe. Mais les Leafs disposaient encore d'un peu de temps pour se rattraper. C'est alors que Gretzky s'est emparé de la rondelle. Contournant le filet de l'équipe de Toronto, il a projeté la rondelle vers l'avant; elle a heurté un patin et a glissé dans le filet : trois buts pour le grand Gretzky!

Les Leafs n'ont pas baissé les bras pour autant et ont marqué un autre but. Ils bourdonnaient encore autour du filet des Kings pendant la dernière minute de jeu, puis la partie a pris fin. L'équipe de Los Angeles a remporté le match 5 à 4; elle allait donc disputer le prochain match à Montréal en espérant y remporter la Coupe Stanley. Gretzky s'est levé d'un bond en agitant les bras dans les airs pour célébrer la victoire, alors que Wendel s'éloignait, tête baissée, encaissant la défaite.

Les deux capitaines se sont ensuite donné une poignée de main et une tape dans le dos. Tous deux s'étaient donnés au match corps et âme et avaient joué de façon particulièrement exceptionnelle lors de ces deux dernières parties.

— Alors, comment as-tu trouvé les capitaines? m'a demandé mon père sur le chemin du retour.

— Wendel et Gretzky ont été incroyables! Ils ont dirigé leur équipe en montrant l'exemple sur la patinoire, ai-je répondu, bien que déçu par la défaite des Leafs.

— Est-ce qu'on peut en conclure que tes recherches t'ont appris quelque chose? m'a demandé mon père.

— Je dirais qu'un leader doit être à l'écoute des autres et faire sentir à chaque joueur qu'il a sa place dans l'équipe, tout en restant celui qui mène.

— Ces séries éliminatoires ont parfaitement illustré l'importance du leadership dans une équipe, a ajouté mon père.

— Après avoir vu le match de ce soir et les éliminatoires, je sais qu'un vrai chef n'abandonne jamais. Malgré la pression, Wendel n'a jamais cessé de faire de son mieux. Et même s'il jouait déjà très bien, Gretzky s'est surpassé, jusqu'à la fin.

— On dirait que tu as encore plus envie d'être capitaine, m'a-t-il dit.

— L'année prochaine, je serai encore meilleur. Je n'aurai qu'à penser à ce que Wendel, le grand Gretzky et tous ces Canadiens si brillants nous ont montré pour être un bon meneur!

NOTE AUX LECTEURS

Ce livre fait mention de plusieurs grandes personnalités qui ont œuvré dans divers domaines, au Canada. Nous espérons que tous nos lecteurs, en particulier les jeunes élèves, prendront le temps d'en apprendre davantage sur ces personnes et leur histoire inspirante qui a contribué à façonner le passé, le présent et peut-être même l'avenir de notre beau pays.

QUELQUES MOTS SUR WENDEL CLARK

Wendel Clark est né en 1966 à Kelvington, en Saskatchewan. Après une brillante carrière dans l'équipe de hockey junior des Blades de Saskatoon, il a été le premier choix des Maple Leafs de Toronto au repêchage d'entrée de 1985. Il a connu un début fulgurant dans la LNH en marquant 34 buts dès la première année (jamais une recrue des Leafs n'avait réussi un tel exploit) et en misant sur un jeu assez agressif. Il a été sélectionné dans l'équipe d'étoiles des recrues de la LNH pour la saison 1985-1986 et est devenu, en 1991, le 14e capitaine de l'histoire des Leafs. Wendel Clark a connu sa meilleure époque dans l'équipe de Toronto durant les éliminatoires de 1993, obtenant alors 10 buts et 20 points en 21 parties. Il a atteint le sommet de sa carrière en marquant 46 buts pour les Leafs en 1993-1994, mais on l'a échangé à Québec à la fin de cette même saison. Les Leafs l'ont repris à deux reprises avant qu'il ne prenne sa retraite en 2000. Il a terminé sa carrière en affichant 260 buts et 441 points en 608 parties au sein des Maple Leafs. À cela s'ajoutent 34 buts et 61 points en 79 parties éliminatoires, pour le compte de l'équipe de Toronto. Il est maintenant au service des Leafs en tant que représentant dans la collectivité. Wendel Clark reste l'un des joueurs des Leafs les plus appréciés de tous les temps et il fait partie des 25 joueurs les plus grands de l'histoire de cette équipe.

QUELQUES MOTS SUR WAYNE GRETZKY

Wayne Gretzky est né en 1961 à Brantford, en Ontario. Pendant la saison 1971-1972, il a marqué 378 buts et inscrit 139 aides en 85 parties en jouant dans son équipe locale. À 17 ans, il était déjà joueur professionnel de l'Association mondiale de hockey. Il est passé à la Ligue nationale de hockey lorsque les Oilers d'Edmonton s'y sont joints, en 1979. Edmonton l'a échangé aux Kings de Los Angeles en 1988. Il a remporté quatre fois la Coupe Stanley pour le compte des Oilers et a reçu dix fois le trophée Art Ross (accordé au joueur de la LNH ayant accumulé le plus de buts). Il a aussi remporté cinq fois le trophée Lady Byng (remis au joueur ayant le meilleur esprit sportif) et deux fois le trophée Conn Smythe (décerné au meilleur joueur des séries). À la fin de sa remarquable carrière, il détenait 61 records de la LNH, dont celui du plus grand nombre de buts (894), d'aides (1 963) et de points (2 857). Gretzky est aussi le joueur à avoir accumulé le plus grand nombre de buts (122), d'aides (260) et de points (382) en éliminatoires. Quand on lui a demandé de commenter son jeu de la septième partie contre les Maple Leafs aux éliminatoires de 1993, Gretzky a répondu : « Je dirais que ce fut là la meilleure partie de toute ma carrière à la LNH. » Gretzky est actuellement entraîneur en chef et copropriétaire des Coyotes de Phoenix.